MONARCHIE

PARIS
E. DENTU, LIBRAIRE-ÉDITEUR
PALAIS-ROYAL, 15-17-19, GALERIE D'ORLÉANS

1886

MONARCHIE

MONARCHIE

PARIS
E. DENTU, LIBRAIRE-ÉDITEUR
PALAIS-ROYAL, 15-17-19, GALERIE D'ORLÉANS

1886

MONARCHIE

Quelle est aujourd'hui et en France la situation respective des deux partis Monarchique et Républicain ?

La question était intéressante avant les élections du **4** octobre : elle est devenue pressante depuis.

Il y a six mois, le *péril monarchique* n'existait pas : on le dénonce aujourd'hui avec insistance. 3.500.000 électeurs se sont spontanément séparés de la République : la confiance dédaigneuse est devenue de l'effarement. La République a été « *déclarée en danger* ».

Le Chef de la Maison de France a reçu l'ordre de quitter la France et il semble que les républicains eux-mêmes aient voulu lui donner le titre de Roi qu'il attend de la Nation.

Il y a là pour le parti monarchique un sérieux encouragement, mais il a autre chose à faire qu'à tirer trop bruyamment vanité d'un premier succès.

La République a mal servi la chose publique. Pour

le pays comme pour la cause qu'ils représentent, les monarchistes doivent faire mieux.

On leur demande ce qu'ils sont et ce qu'ils veulent: Le prince vient de répondre nettement et utilement. Il a donné un grand exemple. Que les monarchistes fassent comme lui.

Le pays réclame d'eux autre chose que des négations, des critiques, ou la simple affirmation de leurs espérances.

Quand ils disent que leur parti grandit sans cesse et que son triomphe n'est pas loin, ils disent vrai mais sans dire assez.

Les républicains affirment que la République est éternelle et la chute de cette République n'en est pas retardée d'un jour : de même s'ils se contentent de répéter que la Monarchie est « *la solution inévitable* », les monarchistes n'avancent pas d'un jour la venue de cette Monarchie.

Dans le sentiment où ils sont que la République a contre elle le présent et dans les efforts qu'ils font pour démontrer que la Monarchie a contre elle le passé, les républicains oublient une chose : c'est que la France, avant tout, pense à l'avenir.

Pour préparer l'avenir, il ne suffit pas que les monarchistes soient des prophètes.

Il faut qu'ils soient des apôtres.

Dire de la République ce qu'elle est, c'est achever de la rendre détestable.

Dire de la Monarchie ce qu'elle sera, c'est contribuer à la rendre désirable.

Mais il faut plus.

Les gouvernements ou les partis sont, aux yeux du public, à l'image de ceux qui les servent.

Chimérique en elle-même, la République a été mal servie et du même coup le pays en a souffert.

Excellente en elle-même, la Monarchie demande à être bien servie, et du même coup le pays en profitera.

Il ne dépend pas des seuls républicains de préparer la Monarchie par leurs fautes. Il faut que les monarchistes soient dignes de la Monarchie et puissent s'attribuer une part dans l'histoire de son relèvement.

Ils ont raison de compter sur la France, mais il faut qu'ils comptent sur eux-mêmes et qu'ils soient comme leur Prince à la fois dignes de servir et de diriger la nation.

Philippe, comte de Paris, est dans la force de l'âge : il connaît bien son temps et son pays : il veut être de son temps et de son pays : il attend et il est prêt.

Prêt à quoi?

A nous sauver!

Nous sommes donc malades?

Assez malades pour que le moment approche où la question se posera de savoir si nous devons vivre ou mourir.

Si ce jour-là il ne devait y avoir que des charlatans

au chevet de la France, mieux vaudrait commander de suite un cercueil que de retarder à l'aide de drogues empiriques une agonie fatale.

Mais dès aujourd'hui il y a et il y aura un Prince acceptant la tâche glorieuse et difficile de rendre au pays le sang et les forces qu'on lui a fait perdre.

On dira que le consentement du pays est nécessaire; on se demandera si la France a de son mal une idée assez nette pour éprouver le besoin d'en être guérie ! A ce sujet certaines gens vont répétant que nous n'avons pas encore assez souffert et qu'il faut que la coupe déborde pour que le poison soit bien constaté.

Ces philosophes n'espèrent le bien que de l'excès du mal.

C'est là une théorie scandaleuse qui rend indignes de leur pays et de leur cause les incapables et les paresseux du présent.

Ce n'est pas à eux que l'auteur s'adresse.

Il n'est que le soldat d'une grande cause, il ne parle qu'à des soldats.

I

Les partisans de la République ont perdu leur unité et jamais l'unité des partisans de la Monarchie n'a été mieux assurée.

Aucun fait n'est de nature à modifier plus heureusement la situation politique du pays.

Tant qu'on a pu croire à une seule République et à plusieurs Monarchies l'avenir a été à la République.

Depuis qu'il est prouvé qu'il y a plusieurs Républiques et une seule Monarchie les chances sont renversées, et nous avons aujourd'hui contre les républicains ce grand avantage qu'ils espéraient conserver contre nous : c'est-à-dire un seul principe, un seul parti, un seul chef.

Les républicains n'ayant pas mérité et ne connaissant pas le même bonheur sont menacés d'une ruine prochaine.

Eux-mêmes ont pris soin de nous l'annoncer.

Depuis 1871 la République a connu beaucoup de baptêmes et son état civil prête à de longues investigations.

Son premier parrain venait de la Monarchie : on pouvait penser qu'après s'être longtemps défendu d'avoir contribué à la détruire, il aurait à cœur de la restaurer.

N'avait-il pas dit que « *la République finit toujours dans l'imbécillité ou dans le sang* »?

Elle avait commencé par là avec la Commune.

Il fallut l'appeler « *conservatrice* » pour faire oublier tout ce qu'elle avait détruit.

A cette filleule qu'il avait si fort calomniée, Thiers prédisait une fin prochaine si elle s'avisait de vouloir vivre sans les conservateurs et surtout de vouloir vivre sans lui.

L'une après l'autre, elle a eu ces deux prétentions et la chute a commencé.

Ce fut le premier acte.

Le second parrain de la République avait appris la politique au café Procope. Il s'était imaginé, contre toute prévision, de ressusciter, si possible, une République athénienne, c'est-à-dire aimable et capable de politesse. On apprit bientôt qu'avec lui elle savait surtout être galante, ce qui est plus dangereux. Un soir de réunion publique, à Belleville, il ne fut plus question d'Athènes et de langage académique. La poussée un peu violente des « esclaves ivres » fit tomber le rideau sur un dieu fragile et le brisa.

Ce fut le second acte.

Le troisième parrain de la République s'avisa qu'un

troisième baptême ne suffisait pas : il lui en fabriqua une demi-douzaine. Après la « *République des ouvriers* » la « *République des paysans* »,et quand l'âge d'or fut bien annoncé dans les villes et dans les campagnes,ce fut la « *République de la Paix* ».

Mais au cours de la représentation, qu'ils payaient trop cher, les Français s'aperçurent qu'il y avait du sang sur la scène et le régisseur fut hué.

Ce fut le troisième acte.

Le parrain de la première République appelait «*Fou furieux* » le parrain de la seconde, qui se vengeait en le traitant de « *vieillard sinistre* ». Le nom du troisième a comporté des épithètes que le respect de la langue française oblige à ne pas répéter.

Thiers, Gambetta, Ferry, trois républiques !

On ne parlera pas longtemps de la quatrième qui n'a su plaire à aucune de ses aînées et qui n'aura pas de sœurs cadettes pour la remplacer.

Du temps de Henri IV, les Français disaient : « *Notre roi Henri.* »

Aujourd'hui, ceux qui ambitionnent le pouvoir s'époumonent à crier : « *Vive la République !* » Ce cri traduit mal leurs désirs : « Vive ma République ! » est la vérité.

Freycinet, Clémenceau, Rochefort, Basly ?

Lequel ?

Ni les uns ni les autres avant qu'il soit longtemps.

Pourquoi cette fin prochaine de la République ?

Parce que là où il n'y a pas *unité* il ne peut pas y avoir *stabilité*.

S'il suffisait pour gouverner de détenir le pouvoir, les Républicains seraient encore obligés de reconnaître que leur régime n'est qu'une suite de gouvernements contradictoires et rivaux.

Mais la fréquence même de ces modifications et leur origine ont rendu impossible en théorie comme en pratique cet esprit de suite qui seul assure aux combinaisons politiques la force et la durée.

« *Avoir quelque chose en son gouvernement* » signifiait autrefois : être chargé d'en avoir soin et en être responsable.

Les Républicains ont changé tout cela. Ils n'ont soin de rien que d'eux-mêmes. Pour ce qui est de la responsabilité, il est entendu qu'elle incombe tout entière à leurs prédécesseurs qui s'en défendent naturellement.

On dira que cette absence de stabilité se prolonge sans que le pays souffre de toute une suite de révolutions qui veulent passer pour pacifiques. Mais ce n'est déjà plus le sentiment de la majorité des Français. Ils reconnaissent dans ces changements qui éternisent leurs incertitudes une des causes les plus certaines du mal qui nous étreint.

Sans doute, parmi les dix millions d'électeurs qui constituent la souveraineté nationale, il en est beaucoup que le sort des ministères intéresse médiocrement.

Les ministres descendent du pouvoir aussi obscurs qu'ils y sont montés.

Leur passage aux affaires ne rappelle ni gloire ni services rendus, rien que leur médiocrité.

Mais on leur pardonnerait jusqu'à cette médiocrité même,si en se transmettant elle n'avait pas la prétention de changer à la fois de programme et de méthode.

On a vu de mauvais gouvernements se maintenir plus longtemps qu'ils ne le méritaient, grâce aux traditions et aux habitudes d'un personnel né pour l'administration et formé par l'administration.

Mais aujourd'hui et en France, l'instabilité gouvernementale provoque et entretient l'instabilité administrative au point de rendre toute administration impossible.

A une époque où les intérêts des Etats se discutent publiquement dans les assemblées, aucun régime n'est exempt de ce qu'on appelle les crises ministérielles.

Plus les crises sont fréquentes, plus le patient éprouve de fatigue.

La France possède à cet égard et sur les nations voisines une double et triste supériorité.

Elle a connu depuis quelques années plus de ministres différents que tout le reste de l'Europe et dans aucun pays l'administration n'a aussi continuellement subi le contre-coup des fluctuations de la politique.

En Europe, les ministres changent et l'administration leur survit.

Mais en France et à tout puissant du jour il faut un personnel à sa dévotion.

« La faveur l'a pu faire autant que le mérite. » Le point d'interrogation est même inutile. Jamais nous n'avons connu plus d'administrateurs, mais jamais il n'a été mieux démontré que le nombre n'est pas la qualité.

On ne s'est pas contenté de créer une infinité d'emplois nouveaux, au grand désagrément des contribuables : comme il faut que tout le monde mange au râtelier de l'Etat, il a été décidé qu'on se succéderait dans ces emplois après un stage écourté par la multiplicité et l'exigence des concurrents.

Or, quelque mérite qu'on veuille reconnaître à la qualité de Républicain, il est difficile d'admettre que « *parce que Républicain* » on naît receveur, préfet ou sous-secrétaire d'Etat.

La République ne veut même pas que ses fonctionnaires aient le temps d'apprendre que tout doit s'apprendre. Au jour où ils commencent, s'ils sont consciencieux, à se pénétrer de ce qu'ils ignorent, on leur trouve un remplaçant.

Habile à manier les mots, la République ne l'est pas moins à les marier : elle a créé la « *Permanence de l'intérim* ».

Aussi ne lui demandez pas quelle est son opinion en matière d économie politique, de finances, de diplomatie ou d'organisation militaire. Elle vous répondra qu'elle n'a pas d'opinion parce qu'elle les a toutes.

Ses économistes, ses financiers, ses diplomates, ses délégués à la guerre, non seulement n'ont pas obéi aux mêmes principes, il n'y a plus de principes; mais dans la recherche précipitée de combinaisons contradictoires et passagères, ils n'ont su vivre qu'au jour le jour, ignorants de ce qui a été, indifférents à ce qui sera, aveugles même sur ce qui est.

N'ayant su assurer à leur régime ni l'*unité*, ni la *stabilité*, les républicains peuvent-ils prétendre à conserver l'*autorité?*

Ils ne l'ont jamais eue en Europe et ils la perdent en France.

Vis-à-vis de l'Europe leur rôle aboutit fatalement à l'effacement et à l'abaissement du pays.

Il fut un temps où nos ambassadeurs étaient écoutés dans le grand conseil des puissances, où notre intervention pouvait passer pour redoutable si nos avis étaient méconnus.

Ce temps n'est plus.

Le manque de suite dans les desseins diplomatiques

ou militaires ne nous permet plus que l'attitude humiliée de spectateurs relégués au second plan.

La France n'est pas un de ces peuples dont Rousseau disait qu'il était fort parce qu'il n'avait pas de voisins ou pouvait s'en passer.

Notre situation géographique ne nous permet pas de compter sans nos voisins.

Or quelle est aujourd'hui la puissance à laquelle la France irait demander de l'aider pour en repousser une autre,si l'Europe venait à s'inquiéter de l'état de désordre qui règne dans notre pays ? Pouvons-nous bien parler de sympathie ou d'alliance à un moment où nos voisins nous refusent leur concours pour une simple exposition. Ce n'est pas la reconstitution inopportune et ruineuse d'un domaine colonial sans colons et sans commerce qui peut attirer à nous les Anglais ou compenser l'abandon fait à l'Angleterre du canal de Suez et de l'Egypte.

Sont-ce les insultes prodiguées à leur roi qui nous permettront de renouer avec les Espagnols ces relations qui, au siècle dernier, les associaient à nos luttes continentales ou maritimes.

Que peut bien penser de nous ce czar de toutes les Russies, en voyant à la tête de notre représentation nationale l'étudiant grossier qui a fait mentir le renom d'hospitalité de la France ? Peut-on s'étonner si cet empereur hésite aujourd'hui à recevoir l'envoyé d'une puissance qui parle de gracier les assassins de son père !

M. de Bismarck nous a écrasés par les armes ; sur le terrain commercial il poursuit, aujourd'hui, et toujours contre nous sa conquête.

Que devons-nous attendre de nos bons voisins d'Italie occupés à fortifier les défilés des Alpes et à apprendre à leurs chasseurs de montagne comment on peut passer de la vallée du Pô dans celles de l'Isère ou de la Durance ?

Si nous n'avons plus de diplomatie, cela ne provient pas seulement de l'instabilité ministérielle et du manque d'esprit de suite dans les desseins diplomatiques.

Au XVIIIe siècle et parlant avec trop de dédain de la politique anglaise, Kaunitz, ministre de Marie-Thérèse, disait à propos du grand Pitt : « C'est prodigieux tout ce que les Anglais ignorent. » Que dirait-il aujourd'hui des diplomates de la République française ?

Comme ils ne connaissent ni l'Europe, ni son histoire, ni le plus souvent la langue du pays où on les envoie, tout se fait sans eux et en dehors d'eux.

Il n'en faut pas conclure que l'Europe ne s'occupe plus de la France. Elle a les yeux fixés sur nous et ce qui se passe chez nous n'est pas pour lui plaire. L'Europe monarchique nous a déjà prouvé qu'elle n'admettait pas l'expansion de certaines idées contraires à tout bon ordre et à tout bon gouvernement. Elle ne nous pardonne pas d'être mal gouvernés et elle ne veut pas être gagnée par la contagion.

Nous ne pouvons pas oublier qu'il y a une armée sur la crête des Vosges, une autre sur la crête des Alpes, une troisième sur la crête des Pyrénées. Dans l'état d'isolement et de suspicion où nous sommes, avons-nous, à défaut de l'action diplomatique, les moyens matériels de paraître en scène et de peser sur les volontés de l'Europe si ces volontés nous étaient contraires ?

Pendant un temps, après nos derniers désastres, on a pu croire que la honte serait épargnée à notre armée, qui voulait se reconstituer par le travail, d'être envahie par la politique. Les chefs qu'on donnait à nos soldats avaient le droit de leur parler de discipline et d'amour du drapeau. Formés à l'école des camps et non pas à celle des clubs, ils considéraient que l'armée doit être celle de la France et non celle d'un parti.

On a changé tout cela.

Une intrigue de couloirs suffit à enfanter un ministre de la guerre. Une intrigue de couloirs saura lui trouver dans la triste catégorie des officiers politiciens un successeur aussi disposé à n'être que l'esclave d'une coterie républicaine.

En même temps, dans les brochures, dans les journaux, dans les réunions on proclame que les armées permanentes ne sont qu'un legs de la tyrannie, qu'il y a quelque chose de supérieur aux devoirs du soldat, ce sont les droits du citoyen : que la discipline « qui fait » comme le disaient Soult et Gouvion Saint-Cyr, « la force principale des armées » n'est qu'un abaissement.

Ceux qui ambitionnent les suffrages populaires flattent le peuple en lui rappelant la légende mensongère de 1792 et proclament qu'il suffit de frapper le sol pour en faire sortir soldats et généraux. Et alors, ceux qui ont consacré quarante années de labeurs à l'organisation de nos armées, qui nous sont revenus couverts de blessures, et glorieux jusque dans la défaite, ceux-là n'ont d'autre récompense que de servir de jouet à la fantaisie d'un réserviste écrivant « *Le colonel Ramollot* ».

Ne pouvant plus exercer son autorité en Europe ni par sa diplomatie ni par son armée, la République est-elle plus heureuse en France et vis-à-vis des Français ?

Ni l'abus de la force, ni l'intimidation, ni les expédients électoraux, ni la violence faite aux consciences, ni les fonctionnaires de l'État transformés en commis voyageurs des maisons de banque qui se succèdent au pouvoir, rien de tout cela ne constitue l'autorité.

La véritable autorité s'impose par le respect et sait convaincre.

Le seul despotisme menace pour faire trembler.

Ira-t-on dire que ceux qui subissent la République respectent la République? Pense-t-on que ces fonctionnaires qui voudraient être considérés comme les serviteurs de la France sachent beaucoup de gré au régime actuel de les traiter comme les prisonniers d'un parti ?

Pour avoir de l'autorité il faudrait que la République sût respecter ce qui est respectable dans la nation et parler un langage honnête et modéré à l'honnêteté et à la modération.

Il faudrait qu'elle s'inspirât de ces trois mots imprimés en lettres d'or sur nos édifices publics et qu'elle a la prétention de faire passer dans les mœurs, alors qu'elle en fausse le sens et qu'elle en néglige l'application.

Si pour les uns la liberté devient la licence, si pour les autres elle n'est que le droit aux tribunaux, aux confiscations, ce n'est plus la liberté.

Si l'égalité n'est que la faculté laissée aux intrigants, aux corrompus, aux médiocres, de trouver dans l'exercice du pouvoir l'occasion de fortunes scandaleuses de «*placements de pères de famille*», de marchés véreux et de pots-de-vin, ce n'est plus l'égalité.

Si dans un pays où il n'y a plus d'autres classes que celles qui résultent des différences dans le travail ou dans le mérite, on peut, au nom de l'idée républicaine, entretenir parmi les malheureux ou les pauvres d'esprit un continuel état de révolte contre les supériorités d'intelligence ou de fortune, si l'on ne s'efforce pas au contraire de rapprocher les citoyens les uns des autres, les uns par le sentiment du bien qu'ils peuvent faire, les autres par la notion du bien qu'on peut leur faire, si venus de bas et montés trop haut les puissants d'un jour ne sont animés que par la jalousie et l'amour du lucre, il n'y a plus de fraternité !

Et de moralité pas davantage.

Un homme n'était connu que de quelques-uns qui lui savaient des prétentions à l'éloquence et le besoin de la célébrité. Cet homme avait dépensé dans une vie de paresse et de débauches un patrimoine que son père avait acquis par le travail et l'économie. Il s'était fait un trône dans un cabaret et, comme pour se venger de lui-même, il y prêchait la guerre sainte contre les riches, les heureux, les justes, tous ceux qui valaient mieux que lui. Il avait dans la voix et en parlant des misères du peuple plus intéressantes que les siennes un tremblement qui venait de l'alcool mais où ses comparses affectaient de voir le seul tremblement de la pitié. De temps à autre, un article violent, haineux, appelait sur lui l'attention des fauteurs de trouble.

Une grève éclate aux environs : cet homme y court, l'encourage avec l'argent des autres et vit de cet argent. Il voit mettre en prison ceux qu'il a poussés à la révolte et se garde bien de les y suivre : il semble déjà qu'il soit inviolable et assuré de toutes les impunités.

Une place est vacante au Parlement : c'est sa place : le peuple a un défenseur et une idole de plus !

Mais bientôt, au veston étriqué fait place la redingote ; l'habit est de rigueur dans les réceptions officielles. On parle d'une baisse sur le marché : certaines valeurs vont s'effondrer ; peu de gens savent qu'elles retrouveront à bref délai leur ancien crédit, grâce à un flux d'argent sorti des caisses de l'Etat. Notre homme emprunte, achète, laisse monter, revend, paie sa dette, garde le surplus : l'infâme capital est entré chez lui.

Son coupé l'attend à la sortie de la Chambre où il vient de prononcer un discours contre les réactionnaires, les cléricaux, tous exploiteurs du peuple. Il se fait conduire dans un restaurant fameux et de là à l'Opéra où il est bien connu par les dames du corps de ballet.

Le lendemain on apprend que le choléra a éclaté à Marseille et qu'il y a force blessés au Tonkin. Des listes de souscription circulent. Vous n'y verrez pas le nom de cet homme qui résume en les rendant odieux et méprisables beaucoup de ceux devant lesquels le peuple s'est prosterné dans un moment d'égarement.

On aime les spectacles en France ; qu'on regarde à celui de la France : tient-il du drame ou de la farce ?

Se peut-il que le peuple qui s'intitule encore le plus spirituel de l'univers n'ait pas su démêler, au cours d'une représentation déjà trop longue, la part du grotesque et la part de la honte ?

Ne demandera-t-il le nom de l'auteur que lorsqu'il sera trop tard pour le siffler, et veut-il attendre que de la scène où ils se moquent de nous, les acteurs démasqués se répandent dans tous les coins de la salle pour y préparer, Dieu sait comment, leur apothéose ?

Si telle n'est pas l'intention du pays, s'il a le désir, en résumant ce qu'il a vu, de s'interroger sur ce qu'il ressent, s'il veut retrouver ce qui manque à la République, l'unité, la stabilité, l'autorité, la moralité, le moment est venu pour lui de demander aux républicains leur « état de la France ».

L'entreprise a été désastreuse : il faut la liquider.

II

Il y a quelques mois, un écrivain de talent résumant les conditions de relèvement et de durée de la Monarchie, disait :

« *La Monarchie sera démocratique, ou elle ne sera pas.* »

Cette formule avait le mérite de la précision.

Elle eut le don de provoquer chez les Républicains une indignation bruyante. Ils crièrent au vol et au sacrilège : la Démocratie était leur chose et leur bien qu'ils entendaient défendre contre tout accaparement.

Cette revendication désespérée d'un droit de propriété imaginaire dénotait chez les Républicains l'ignorance, l'orgueil et la peur.

La société Française n'est pas née d'hier : elle fait parler d'elle depuis longtemps. Elle a aujourd'hui des aspirations, des tendances, disons même des volontés, qui s'accusent avec une parfaite évidence, mais dont l'origine remonte fort loin.

Les Républicains n'empêcheront pas que la France se soit faite avant eux et sans eux : elle eût même risqué de ne pas se faire du tout avec eux.

Ont-ils entrepris pour le compte de la Nation un travail analogue à celui qui, grâce aux efforts persévérants de la Monarchie, nous a valu l'unité nationale et la fin du régime féodal?

Diront-ils que le roi Henri IV a méconnu son temps et les besoins de son pays et que le coup de couteau de Ravaillac a bien pu être comme une revanche de la Démocratie sur la Monarchie ?

Parce que Louis XIV, dans un mouvement d'orgueil que sa gloire n'excuse pas, a proclamé : « *l'État c'est moi* » au mépris des deux Frondes aristocratique et parlementaire qu'il avait vaincues, est-ce à dire que la Monarchie n'ait su être ou ne puisse être que le triomphe de cette formule outrée?

L'alliance du Roi et de la Démocratie n'est ni une conception ni un fait aussi nouveau que les Républicains veulent bien le répéter.

A neuf siècles de distance, la Démocratie a déclaré qu'il n'y avait pas incompatibilité entre le Peuple et le Roi.

Il y a tout juste mille ans, Eudes, fils de Robert le Fort, comte de Paris, repoussait les pirates de l'invasion normande.

L'année suivante « les peuples de la Gaule réunis, d'un conseil et d'une volonté commune élurent pour roi le duc Eudes, fils de Robert ».

Il y aura bientôt cent ans, après que Montesquieu eut écrit l'*Esprit des Lois* et Jean-Jacques Rousseau le *Contrat social*, les premiers députés de la nation comprirent en établissant les bases de la société démocratique que la Démocratie ne peut pas se séparer de la Monarchie.

Ainsi en décidèrent dans la constitution de 1791 ceux qui avaient rédigé les principes de 1789 et qui n'étaient pas des républicains.

Pourquoi serions-nous moins en droit que les peuples de la Gaule ou les députés de la Constituante de réclamer en la déclarant possible l'union de ces deux mots : Démocratie, Monarchie !

Bien que l'empire des mots ait en France une puissance extraordinaire, il ne faut pas désespérer de voir le bon sens public triompher des définitions fausses que l'esprit de parti entretient.

Ce ne sera pas un des moindres bienfaits de l'instruction que de mettre la Démocratie à l'abri des préjugés et des légendes, à condition toutefois que ceux qui ont pour mission de donner l'instruction ne deviennent pas des professeurs de préjugés et de légendes. La tendance est là aujourd'hui. Les mauvaises leçons et les mauvais livres ont même un caractère officiel qui les rend particulièrement odieux, mas il ne faudrait pas sous prétexte de combattre des exagérations calculées et des erreurs commises à dessein fausser l'esprit public en sens contraire.

La France doit savoir que la Monarchie n'est pas

tout entière dans le supplice de la roue ou dans les dragonnades. A ceux qui rappellent, et Dieu sait si on en use ! la révocation de l'édit de Nantes et Louis XIV, il est permis de parler de l'édit de Nantes et d'Henri IV.

Mais la France doit savoir aussi que tout ce qui s'est fait de mauvais au nom et sous le couvert de la Démocratie n'est pas imputable à la Démocratie, pas plus les noyades de Nantes, que les massacres de septembre ou que l'assassinat des otages.

Il y a de grandes choses dans l'histoire de la Monarchie.

Il y en a de grandes aussi dans les aspirations de la Démocratie.

De ces deux idées Mirabeau avait songé à ne faire qu'une idée. Il avait deviné la Monarchie démocratique et la France y revient aujourd'hui.

Ce n'est pas qu'on ne fasse tout au monde pour l'en dissuader. Il est de mode dans une certaine école où l'ignorance historique le dispute à la prétention philosophique, de proclamer qu'il y a une barrière infranchissable entre la liberté et l'autorité.

C'est toujours le même système consistant à enserrer les mots dans une définition tellement étroite qu'ils en sortent rapetissés et défigurés.

Si la liberté est la faculté de n'obéir à rien ni à personne, elle devient une chose monstrueuse d'égoïsme, l'esclavage du *moi*.

Si l'autorité confère à celui qui l'exerce un pouvoir discrétionnaire sans limites, sans contrôle, sans appel, elle est tout simplement détestable en faisant de tous l'esclave d'un seul.

A ce compte, il ne faudrait plus parler ni de Démocratie ni de Monarchie. Isolées ou réunies l'une et l'autre seraient également incapables de fonder et de maintenir un gouvernement.

Mais ni la Démocratie ni la Monarchie ne l'entendent ainsi.

« Les sociétés démocratiques, a dit M. Guizot, « n'ont pas ce privilège que l'esprit de gouvernement « y soit moins nécessaire ni que ses conditions vitales « y soient autres ou moins élevées qu'ailleurs. »

La société française le comprend mieux qu'on ne pense.

Elle entend conserver la liberté, mais elle estime que l'autorité est nécessaire à la liberté.

A la fois très nouvelle et pleine du passé elle est après bien des mécomptes, résolue à trouver un moyen terme entre la dictature et l'anarchie.

Elle commence à éprouver que, bien loin de la garantir contre ces deux périls extrêmes, la République l'expose à l'un et à l'autre. C'est là son histoire, ce serait là très prochainement son avenir si elle devait durer et si beaucoup de bons esprits ne se rapprochaient d'un régime destiné à respecter la Démocratie, et à la défendre contre l'anarchie.

Les ennemis de la Monarchie le savent bien : on le devine rien qu'à la façon dont ils en parlent.

Ils en parlent plus souvent qu'autrefois.

Ils ne mettraient pas un empressement inquiet à déclarer que la Monarchie est impossible, s'ils ne s'apercevaient pas que dans l'esprit d'un grand nombre de Français elle devient probable.

Ils n'avaient pas pensé à l'alliance de la Démocratie et de la Monarchie : ils sont bien un peu en retard pour la combattre et pour déclarer que la libre expression du suffrage populaire est incompatible avec le principe d'une Monarchie héréditaire.

Puisqu'ils ne connaissent pas la France, qu'ils sortent de France, et qu'ils regardent en Europe, sans aller bien loin.

L'Angleterre et la Belgique se rapprochent du gouvernement démocratique et du suffrage universel.

Est-ce que la Monarchie y est menacée ?

Une loi récente vient d'étendre à six millions de citoyens anglais le droit de suffrage politique. Conservateurs et libéraux se sont comptés dans des élections nouvelles. Les seconds l'ont emporté. La reine Victoria n'en est pas moins sur le trône : sa qualité de souveraine n'est pas discutée : aucune atteinte n'a été portée à ce grand respect du principe Monarchique et de la personne du Monarque qui fait la force et l'honneur de l'Angleterre.

Est-ce que, même réduits à un rôle d'opposition,

les libéraux belges s'avisent de crier « A bas le Roi! » et faut-il voir dans quelques émeutes semblables à celles de Decazeville un signe de rupture entre la Démocratie Belge et la Monarchie ?

On répondra que ce qui est vrai d'une société peut ne pas l'être d'une autre et que le tempérament de certains peuples les porte à accepter ce que d'autres, avec un tempérament différent, repoussent. Aussi bien ne demandons-nous pas à la Monarchie d'être en France la copie exacte ou de ce qu'elle y a été ou de ce qu'elle est aujourd'hui en Angleterre et en Belgique : quand on nous demande si notre Monarchie s'inspirera de la Charte de 1814, de celle de 1830 ou de la constitution de 1852, nous pouvons répondre qu'elle s'inspirera avant tout du présent, de l'état de la France et de la nécessité de relever la France.

Au surplus c'est bien parce que la Démocratie se rapproche de la Monarchie que les républicains s'évertuent à effrayer la nation sur les conséquences d'une alliance prochaine. L'ordre est donné à tous ceux dont la République a fait ses ilotes de se transformer en professeurs d'histoire et de philosophie politique. S'ils connaissent l'histoire, ils la travestiront. S'ils ne la connaissent pas, ce qui est le cas habituel, ils l'inventeront dans le sens voulu. Leur carrière est à ce prix, et c'est ainsi que nous avons un cours officiel de propagande anti-Monarchique.

Le cours est divisé en plusieurs leçons.

Et d'abord, les républicains déclarent que la monarchie c'est « la suppression du suffrage universel ». Où ont-ils vu cela?

Les monarchistes n'en ont-ils pas appelé à la nation des fautes de la République?

Est-ce que les 3.500.000 Français qui ont approuvé, il y a quelques mois, notre politique ne font pas partie du suffrage universel ? Ont-ils craint cette supression de leurs droits dont on leur parle ? n'ont-ils pas voulu, au contraire, encourager, en les remerciant, ceux qui s'étaient donné pour mission de leur dévoiler le mal.

Il n'est guère que les républicains qui puissent aujourd'hui redouter le suffrage universel. N'osant pas le supprimer., n'ayant voulu ni le moraliser ni l'instruire, ils le trompent.

Ce qui distinguera la Monarchie de la République à l'égard du suffrage universel, c'est que la première ne voudra pas, à l'imitation de la seconde, transformer tous ses fonctionnaires en simples courtiers électoraux. Elle les maintiendra pour son honneur, celui de la nation, celui du suffrage universel lui-même, dans ce rôle d'administrateurs que les préfets de la République sacrifient aux tendresses ou aux menaces d'une députation corrompue et égoïste.

Une seconde définition de la Monarchie nous est donnée dans les manuels d'éducation civique : « *C'est le gouvernement du drapeau blanc.* » Lors du dernier congrès un député de la droite a commis l'imprudence de se moucher en public. Le mouchoir était blanc : c'était une insulte aux trois couleurs. Sous le nez d'un monarchiste ce mouchoir constituait un signe de ralliement et un emblème de révolte.

Questions de mots, questions de nuances, la puérilité est la même.

Si, au lieu d'un panache blanc, Henri IV eût mis un panache bleu le matin de la bataille d'Ivry, pense-t-on qu'il eût moins sûrement mené nos soldats « au chemin de l'honneur et de la victoire » ?

L'armée française avait le drapeau blanc à Fontenoy : est-ce que cela l'a empêchée d'enfoncer la ligne des habits rouges et de pénétrer dans les carrés anglais.

Le patriotisme n'est donc pas dans la couleur et il a su, en France, s'accommoder de fanions très divers.

Le drapeau tricolore est aujourd'hui le drapeau de la nation et de l'armée. Il n'est pas d'invention républicaine. Lafayette l'a présenté à Louis XVI, et Louis XVI l'a montré au public.

En faisant « le tour du monde » n'a-t-il été que le drapeau d'un parti ?

Le 6 novembre 1792, l'armée française donnait l'assaut aux redoutes autrichiennes à Jemmapes. Une attaque furieuse de la cavalerie ennemie contre le centre de notre ligne avait mis le désordre parmi nos conscrits. Ce fut alors que, réunissant en un seul faisceau les drapeaux de nos bataillons confondus, un général de dix-neuf ans, Louis-Philippe d'Orléans, duc de Chartres, ramena toute cette masse en avant au cri de « Vive la France ! » et ne l'arrêta que de l'autre côté des retranchements autrichiens.

Les soldats d'Afrique ne sont pas tous morts : qu'on n'insulte pas à leurs souvenirs : ils se lèveraient pour protester. Au nom de ces anciens généraux qui sont leurs Princes, avec lesquels ils ont combattu, souffert et vaincu, ils diront les épreuves et les gloires communes.

Ils l'ont aimé et ils l'ont pleuré, cet héritier du trône, à la fois le général et l'ami de ses soldats auxquels il savait communiquer, par la force de l'exemple, son entrain, sa bravoure persévérante et toutes les vertus du patriotisme.

D'Orléans n'est plus : l'armée est en deuil, mais elle ne renonce point. Ce n'est pas assez d'un Fils de Roi, au service de la France. Déjà Nemours a planté notre drapeau au-dessus de la tranchée devant Constantine et remplacé le général en chef à l'endroit même où un boulet vient de l'emporter. Bientôt d'Aumale, à l'âge où tant d'autres n'ont encore appris la gloire que dans les livres, met la sienne du premier coup au rang des plus brillantes et réduit Abd-el-Kader.

Ira-t-on demander à nos vieux marins ce que c'est que Joinville ? Leurs fils ont-ils oublié « l'homme au grand chapeau » qui, le soir de la bataille d'Orléans, en 1870, se tenait à côté d'eux sans pouvoir leur rappeler que, trente ans auparavant, il était leur chef. L'intolérance républicaine a-t-elle empêché Robert le Fort, qui de son vrai nom s'appelait Chartres, de pénétrer avec ses cavaliers au milieu des lignes prussiennes? On avait proscrit le prince : on décora le soldat, parce qu'on ne savait pas qu'il était prince?

A cette race de héros, à tous ceux qui les ont suivis, servis et aimés, et dont le dévouement demeure fidèle à l'honneur et à la gloire ne demandez pas quel est le drapeau?

Ils vous l'ont dit sur les champs de bataille, aux jours de deuil comme aux jours de victoire. Ils vous l'ont répété devant la représentation nationale : « *Drapeau tricolore, drapeau chéri!* »

Au cours de l'année terrible et quand ils se disputaient les sous-préfectures et les mairies, les républicains pouvaient-ils en dire autant?

Avec le « gouvernement des nobles » nous avons la troisième définition. Gouvernement des nobles, retour à l'ancien régime, à la féodalité, résurrection de la dîme et de la corvée, l'aristocratie se dressant contre la Démocratie pour l'écraser. La formule est susceptible de variantes: de toutes façons, elle est pleine de mépris pour le bon sens public. Si la Monarchie est le gouvernement des nobles, nous ne comprenons pas bien comment de 1830 à 1848 le pouvoir a pu être exercé par des hommes qui s'appelaient tout modestement Casimir Périer, Thiers et Guizot.

Pense-t-on que la Démocratie puisse être sensible à cet autre argument invoqué par les républicains contre la Monarchie quand ils l'appellent : « *Le gouvernement des prêtres?* »

La Monarchie, au nom de la liberté, mettra fin à la croisade officielle entreprise contre la religion, elle protégera ses représentants aujourd'hui persécutés, elle maintiendra la liberté des cultes, aujourd'hui menacée, elle mettra son honneur à honorer tous ceux qui fondent l'éducation du peuple sur l'alliance intime de la religion et de la morale, elle admettra que le nom de Dieu soit prononcé dans les écoles et à l'occasion du serment devant les tribunaux; la Démocratie répondra que c'est là un état très enviable et qu'on peut tout espérer d'un régime qui, pas plus dans l'ordre religieux que dans l'ordre politique, ne veut créer des catégories de vainqueurs et de vaincus.

Enfin, et dans l'espoir de faire oublier les ruines qu'elle a accumulées, la République représente la Monarchie comme un régime de dépenses somptuaires et de mauvaise administration des deniers publics. Il semble qu'en prononçant le mot de « *liste civile* » on a expliqué la ruine de l'Etat et des particuliers. Mais il a été prouvé que la *liste civique* nous coûtait plus cher et nous rapportait moins. Louis-Philippe a créé le musée de Versailles et doté nos hôpitaux. Il ne nous est pas revenu que, jusqu'à ce jour, M. Grévy ait entrepris d'élever à nos gloires nationales ou pour nos malades le moindre monument. On sait que Thiers n'a jamais reconstruit que sa propre maison. C'était avec l'argent de l'Etat.

La Démocratie est aujourd'hui vis-à-vis de la République un peu comme monsieur Dimanche vis-à-vis de Don Juan dans le Festin de Pierre.

Elle voudrait bien se faire donner ce qui lui a été promis et se faire rendre ce qui lui a été pris : elle cherche à le dire. La République ne lui en laisse pas le temps.

Qu'on relise la scène qui finit pas ces mots : « Je suis votre serviteur. »

Tout y est : à cette différence près que les Don Juan de la République n'ont pas la franchise de celui de Molière. Ils savent dire à la Démocratie : « Je suis votre serviteur. » Ils n'ajoutent jamais : « Et de plus votre débiteur. »

S'il est vrai que la Monarchie doit reculer épouvantée devant le tableau qu'on fait d'elle, d'où vient que ce soi-disant état d'impuissance, d'abaissement et d'abandon produit dans les rangs de ses adversaires l'émotion qui précipite les déroutes.

Pourquoi cette peur cherchant à se rassurer par la violence et se démasquant pour frapper ? Si la raillerie ne sied pas à ceux qui tremblent, que peuvent-ils attendre de la menace et que servira-t-il à la République de se faire aggressive et tyrannique si la Démocratie entend demeurer pacifique et libérale?

Cette colère de la peur n'est-elle pas la meilleure preuve que la Monarchie n'est pas loin?

Le gouvernement de la République est aux mains d'une association qui décore du nom pompeux de « lutte pour l'existence » son amour du pouvoir et son orgueilleux besoin de jouissances : les hommes qui composent cette association savent bien que, sous aucun autre gouvernement, il ne leur serait permis de sacrifier à leur ambition et à leur cupidité la dignité et la fortune du pays.

Ils ne se trompent ni sur eux-mêmes ni sur le jugement qui les attend. Ils se sont voulus tels qu'ils sont : ils jouent leur dernière partie, mais l'échéance les effraye et quand ils parlent de « *représailles* », ils voudraient que tout le parti républicain pût trembler avec eux.

« Si la monarchie est rétablie ! c'est Cayenne ou Lambessa ! »

C'est là le dernier argument.

Est-il nécessaire de rassurer cette fraction de la Démocratie qui hésite encore à se séparer de la République, mais qui en est déjà à l'hésitation? Un paysan, auquel on demandait il y a quelques jours ce qu'il pensait de la politique, répondait, naivement : « c'est le moment de changer ! » Il suffit que ce raisonnement devienne celui de quelques centaines de mille d'électeurs pour que la République passe de vie à trépas : elle est malade et bien près d'être mourante : les fidèles de la première heure ne sont plus ceux de la dernière : ils n'attendront pas l'agonie de la République pour déclarer que la Monarchie est le gouvernement qui leur convient.

Si c'était la guerre que nous voulons apporter au pays, ceux-là seulement pourraient trembler auxquels leurs excès ne permettraient pas une conversion immédiate et facile. Mais la monarchie ne conseillera pas et ne permettra pas à la Démocratie de transformer en victimes d'une justice expiatoire les tristes héros dont le roman prendra fin. Elle se contentera de les abandonner au mépris public.

Notre fermeté et notre dignité nous rendent inutile cette violence hypocrite dans laquelle les maîtres de la République cherchent aujourd'hui leur salut.

III

Philippe comte de Paris est condamné à l'exil.

Est-ce bien une condamnation et de qui vient-elle? Est-ce la Démocratie française qui a conféré à une association de poltrons et de sectaires le droit de mettre hors la loi un Français auquel on ne peut rien reprocher qui soit contre la loi.

Né en France et fils de roi, qui donc pourrait l'empêcher de rentrer en France et comme Roi si la nation l'appelle ?

Pense-t-on que tout un peuple qui est maître de ses destinées se laissera séduire ou intimider par quelques hommes auxquels, avant qu'il soit longtemps, il demandera le pourquoi de leurs violences?

Trompés, désabusés, las de tout croire et de ne rien avoir, de tout espérer et de tout perdre, désireux d'ordre et spectateurs écœurés du désordre, appelant la liberté parce que la tyrannie commence, le droit parce qu'il est violé, la justice parce qu'elle est compromise, les Français n'admettront pas qu'on impose à la souveraineté nationale des décisions contraires aux engagements pris devant la souveraineté nationale.

A la violence ils ne répondront pas par la violence et ils n'y seront pas encouragés.

Ce n'est pas plus par des manifestations séditieuses que par des lamentations stériles que les monarchistes peuvent et doivent se mettre à la tête du grand mouvement d'opinion qui se dessine.

A l'action illégale ils répondront par l'action légale.

Plus que jamais ils ont des devoirs à remplir pour le pays et au nom du pays.

Ils savent que la Monarchie ne se fera ni avec des mots, ni avec des soupirs, ni avec des poses. Elle ne se décidera ni dans un banquet, ni sur un champ de course, ni entre deux quadrilles.

Elle ne peut être que par un travail persévérant, consciencieux, quotidien. Il y faut de la volonté, de la peine, un dévouement qui ne compte pas et qui soit prêt à tous les sacrifices, y compris celui de la vaine morgue, un des plus pénibles de tous !

Les monarchistes ne veulent pas que ce soit seulement par lassitude de la République que le suffrage universel en vienne à réclamer la Monarchie.

Le Prince est prêt : ils veulent pouvoir en dire autant.

Tout n'est pas fait parce qu'on a crié : « Vive le Roi ! »

Il n'y a de Roi que lorsqu'il est sur le trône.

« Aide-toi, le ciel t'aidera, » voilà le complément obligé de la vieille devise : « Dieu protège la France. »

« On ne fait rien » disent certains critiques qui attendent tout d'autrui.

Nous voudrions chercher ce qu'ils peuvent faire.

Votre vie se passe à la campagne ; vos goûts ou vos occupations vous y retiennent. Vous êtes entouré de braves gens qui sous vos yeux travaillent la terre, votre terre peut-être. Ils peuvent ou beaucoup vous craindre ou beaucoup vous estimer. Leur sort est pour une partie entre vos mains et le vôtre dépend d'eux pour une partie. Ils ne peuvent pas se passer de vous et vous ne pouvez pas vous passer d'eux.

N'attendez de leur bienveillance que ce que vous leur donnerez de la vôtre et n'oubliez pas que vous êtes tenu à prendre les devants. Votre fierté ne doit pas vous le défendre, tandis que leur timidité les arrêterait.

Vous voulez rapprocher de vous ces hommes que d'autres s'efforcent d'éloigner de vous : qu'allez-vous faire pour cimenter les liens d'une union nécessaire, respectueuse et empressée de part et d'autre ?

Vous irez chez ces voisins et vous les habituerez aussi à connaître le chemin de votre demeure où ils viendront chercher des conseils, des encouragements, des secours, si besoin en est.

Vous deviendrez nécessaire à ceux qui vous entourent et ils vous manqueront s'ils ne sont plus là : et quand vous aurez ainsi bien établi cette influence naturelle que vous avez méritée, vous pourrez mettre cette influence au service de vos idées et de la cause monarchique que vous représentez.

Vous connaissez toute l'étendue du mal que peut faire, même chez de braves gens, une mauvaise doctrine, un mauvais journal, un mauvais discours. Est-il nécessaire que vous soyez philosophe, écrivain, orateur, pour combattre quotidiennement autour de vous, avec votre conviction et votre bon sens, ce que vous considérez comme funeste à la société et au pays ?

Mais encore si vous pensez que cela ne suffit pas, si vous vous heurtez à des objections, à des résistances que vous n'aviez pas prévues, si l'on vous dit par exemple : « J'ai lu cela dans mon journal, » vous est-il bien difficile de répondre : « Voici ce que j'ai lu dans le mien, » et de laisser à l'homme que vous voulez convaincre ce journal qui ne sert à rien s'il ne parle qu'à des convertis.

Savez-vous tout ce qu'on dira dans cette chaumière le soir, à la veillée, de cette brochure que vous avez laissée sur la table et à laquelle vous aurez donné pour préface une bonne poignée de main ?

Un orateur républicain est annoncé dans le bourg voisin : la réunion sera publique ; y verrez-vous seulement un défi ? n'est-ce pas là plutôt une occasion ? Vous y entraînerez vos voisins et si, ce jour-là, cet orateur, ce qui est probable, cherche à enflammer son auditoire en lui renouvelant la tirade classique sur les nobles, les riches, la dîme et la Monarchie, ce sont vos voisins qui vous vengeront.

Voilà, dans un sermon, le manuel et le portrait du parfait monarchiste, diront en raillant les sceptiques et les critiques. Ces lignes ne s'adressent pas à eux; elles voudraient trouver de l'écho chez les hommes de bonne volonté et mettre à la mode cette propagande de tous les jours, de toutes la plus efficace.

Puisque le salut du pays dépend aujourd'hui des batailles électorales, sachons les préparer de longue main et décider de la victoire avant le combat. Il ne suffit pas d'assister à la séance d'un comité huit jours avant le scrutin, de faire apposer des affiches, de solder des distributeurs, de confier à un régisseur ou à un garde-chasse le soin de catéchiser les électeurs.

N'oublions pas qu'en matière électorale nous avons beaucoup à apprendre de nos adversaires.

Sans doute il existe une presse monarchique et il s'imprime continuellement des brochures dans lesquelles nos idées sont éloquemment défendues. Si nous ne savons pas répandre autour de nous ces journaux et ces brochures, si même, en organisant cette distribution, nous ne cherchons pas à en faire profiter ceux-là surtout qui ne pensent pas comme nous, nous ne sommes que les représentants inutiles d'un parti qui veut de plus dévoués serviteurs.

Nous parlons de comités : donnons-leur une raison d'être. La loi ne nous défend pas de constituer dans chaque département une association se donnant ouvertement pour but « *la propagande par le journal et par le livre* ».

Faisons mieux que de nous indigner et de nous plaindre des réunions organisées contre nous. Ayons les nôtres et pour tout le monde. Montrons-nous plus modérés, plus précis que nos contradicteurs.

Ne croyons pas que pour diminuer leur succès et assurer le nôtre il soit toujours nécessaire de les suivre sur un terrain où la passion politique pourrait diviser nos auditeurs en deux camps rivaux.

La France attend impatiemment la solution de beaucoup de questions administratives, économiques, agricoles ou financières.

Prouvons que nous sommes dignes d'administrer et de gouverner.

Nous répétons avec raison que notre histoire nationale est odieusement travestie.

Mettons-nous en mesure de la raconter dans sa vérité.

Devenons les instructeurs et les éducateurs du peuple. Fondons dans chaque région, dans chaque département, l'œuvre des conférences et soyons-en les ouvriers.

Le jour est prochain où le peuple sera appelé à élire de nouveaux représentants. Il faut que ce jour-là il soit en état de faire la part du bien et du mal, d'acclamer les bons serviteurs du pays et de repousser les autres. Dès aujourd'hui l'arène est ouverte. Descendons-y pacifiquement, comme des hommes libres qui accomplissent résolument leur devoir, le drapeau en main.

En passant, saluons respectueusement notre Prince et prenons pour devise cette belle phrase du duc d'Orléans, son père, qu'il nous a rappelée : *Toutes places où l'on peut servir la France sont bonnes et celle où l'on fait le plus de sacrifices pour le pays est véritablement la première !*

FIN

Imp. de la Soc. de Typ. - NOIZETTE, 8, r. Campagne 1re, Paris

www.ingramcontent.com/pod-product-compliance
Ingram Content Group UK Ltd.
Pitfield, Milton Keynes, MK11 3LW, UK
UKHW020452230726
13925UKWH00005B/1890

9 782014 058659